The Dancing Nutcracker: Bilingual German-English Christmas Stories for Young German Language Learners

Pomme Bilingual

Published by Pomme Bilingual, 2024.

While every precaution has been taken in the preparation of this book, the publisher assumes no responsibility for errors or omissions, or for damages resulting from the use of the information contained herein.

THE DANCING NUTCRACKER: BILINGUAL GERMAN-ENGLISH CHRISTMAS STORIES FOR YOUNG GERMAN LANGUAGE LEARNERS

First edition. October 10, 2024.

Copyright © 2024 Pomme Bilingual.

ISBN: 979-8227158437

Written by Pomme Bilingual.

Table of Contents

Der Weihnachtsmarkt-Zauber

Es war ein frostiger Dezemberabend, und die Lichter des Weihnachtsmarkts in der Altstadt funkelten hell gegen den dunklen Himmel. Der Duft von gebrannten Mandeln, Lebkuchen und Glühwein lag in der Luft, während Menschen durch die festlich geschmückten Stände schlenderten.

Felix, ein kleiner Junge mit leuchtend roten Wangen und einer dicken Wollmütze, hielt die Hand seiner Mutter fest, während sie durch die Menge gingen. Doch plötzlich, als sie vor einem Stand mit handgeschnitzten Holzspielzeugen stehen blieben, ließ Felix ihre Hand los, um sich die Spielsachen genauer anzusehen.

Die Holztiere und Nussknacker faszinierten ihn so sehr, dass er gar nicht bemerkte, wie seine Mutter weiterging. Als er schließlich aufblickte, war sie verschwunden. Felix sah sich um, doch die Menschen um ihn herum schienen alle größer und fremder zu sein. Panik stieg in ihm auf.

Er begann, durch die Menge zu laufen, rief nach seiner Mutter, aber seine Stimme ging in dem Lachen und den Gesprächen der anderen unter. Überall funkelten Lichter, und die Musik des Karussells drehte sich in seinem Kopf. Felix spürte, wie ihm Tränen in die Augen stiegen.

Doch dann hörte er eine sanfte Stimme. „Suchst du jemanden?" Felix drehte sich um und sah ein Mädchen, das in einem langen, weißen Kleid vor ihm stand. Sie hatte goldene Haare und strahlende, warme Augen.

„Ja", sagte Felix, seine Stimme zitterte. „Ich kann meine Mama nicht finden."

Das Mädchen lächelte. „Ich bin Clara, der Weihnachtsengel. Vielleicht kann ich dir helfen." Sie nahm Felix bei der Hand, und sofort fühlte er sich ruhiger.

Clara führte ihn durch die Gassen des Weihnachtsmarktes, doch anstatt durch die Menschenmenge zu drängen, schienen sie sich in einer anderen Welt zu befinden. Die Lichter wurden heller, die Farben strahlender, und die Musik verwandelte sich in ein leises, wunderschönes Weihnachtslied.

„Der Markt ist in Gefahr", flüsterte Clara, als sie anhielten. „Die Magie des Weihnachtsmarkts schwindet, weil die Menschen den wahren Geist von Weihnachten vergessen haben."

„Was können wir tun?" fragte Felix.

„Wir müssen die verlorene Weihnachtssternblume finden", erklärte Clara. „Sie bringt die Magie zurück, aber sie ist irgendwo hier auf dem Markt versteckt."

Gemeinsam suchten sie durch die festlich geschmückten Stände, durch die Lichterketten und Glühweinduftschwaden. Felix half Clara, hinter den Lebkuchenherzen und Christstollenbergen zu suchen, bis sie schließlich einen kleinen, goldenen Stern unter einem Tannenbaum entdeckten.

„Da ist sie!" rief Felix aufgeregt.

Clara nahm den Stern in ihre Hände, und in diesem Moment erstrahlte der gesamte Markt in einem neuen Glanz. Die Lichter funkelten heller, die Musik wurde fröhlicher, und das Lachen der Menschen klang noch herzlicher.

„Du hast den Weihnachtsmarkt gerettet, Felix", sagte Clara mit einem strahlenden Lächeln. „Danke."

Felix spürte, wie sein Herz vor Freude hüpfte. Doch dann, in einem Wimpernschlag, war Clara verschwunden, und Felix stand plötzlich wieder inmitten der Menschen. Doch dieses Mal fühlte er sich nicht mehr verloren.

Und da, am Ende des Marktes, entdeckte er seine Mutter, die besorgt umherblickte. „Mama!" rief Felix und rannte auf sie zu.

„Wo warst du, mein Schatz?" fragte sie erleichtert.

„Ich habe einen Engel getroffen", sagte Felix und lächelte geheimnisvoll.

The Christmas Market Magic

It was a frosty December evening, and the lights of the Christmas market in the old town sparkled brightly against the dark sky. The scent of roasted almonds, gingerbread, and mulled wine filled the air as people strolled through the festively decorated stalls.

Felix, a little boy with rosy red cheeks and a thick woolen hat, held his mother's hand tightly as they walked through the crowd. But suddenly, when they stopped at a stall selling hand-carved wooden toys, Felix let go of her hand to take a closer look at the toys.

The wooden animals and nutcrackers fascinated him so much that he didn't notice his mother walking away. When he finally looked up, she was gone. Felix looked around, but the people around him all seemed taller and unfamiliar. Panic began to rise in his chest.

He started running through the crowd, calling for his mother, but his voice was drowned out by the laughter and chatter of others. Everywhere, lights twinkled, and the carousel music spun in his head. Felix felt tears welling up in his eyes.

Then he heard a soft voice. "Are you looking for someone?" Felix turned around and saw a girl standing in front of him, dressed in a long white gown. She had golden hair and warm, shining eyes.

"Yes," Felix said, his voice trembling. "I can't find my mom."

The girl smiled. "I'm Clara, the Christmas angel. Maybe I can help you." She took Felix by the hand, and he instantly felt calmer.

Clara led him through the streets of the Christmas market, but instead of pushing through the crowd, they seemed to be in a different world. The lights became brighter, the colors more vivid, and the music transformed into a soft, beautiful Christmas melody.

"The market is in danger," Clara whispered as they stopped. "The magic of the Christmas market is fading because people have forgotten the true spirit of Christmas."

"What can we do?" Felix asked.

"We need to find the lost Christmas star flower," Clara explained. "It brings back the magic, but it's hidden somewhere here in the market."

Together they searched through the festively decorated stalls, through the strings of lights and clouds of mulled wine scent. Felix helped Clara look behind gingerbread hearts and mountains of Christmas stollen until they finally discovered a small, golden star beneath a Christmas tree.

"There it is!" Felix cried excitedly.

Clara took the star in her hands, and at that moment, the entire market lit up with a new glow. The lights sparkled brighter, the music became merrier, and the laughter of the people sounded even warmer.

"You saved the Christmas market, Felix," Clara said with a beaming smile. "Thank you."

Felix felt his heart leap with joy. But then, in the blink of an eye, Clara was gone, and Felix found himself standing in the midst of the crowd once more. But this time, he no longer felt lost.

And there, at the end of the market, he spotted his mother, looking around anxiously. "Mom!" Felix called, running toward her.

"Where were you, my darling?" she asked, relieved.

"I met an angel," Felix said, smiling mysteriously.

Das Geheimnis des Nikolausstiefels

Es war der Abend des 5. Dezember, und Emma und ihr kleiner Bruder Max hatten gerade ihre Stiefel vor die Haustür gestellt. Sie waren voller Vorfreude auf den nächsten Morgen, denn in Deutschland bringt der Nikolaus in der Nacht kleine Geschenke und Süßigkeiten für die Kinder, die ihre Stiefel herausstellen. Max hatte seinen Stiefel besonders sorgfältig geputzt, damit er ganz sicher mit Leckereien gefüllt wird.

„Glaubst du, der Nikolaus bringt uns wieder Schokolade und Nüsse?" fragte Max, während er aufgeregt neben Emma in seinem Bett lag.

„Ganz bestimmt", antwortete Emma und zog die Decke über sich. „Aber jetzt müssen wir schlafen, sonst kommt er nicht."

Mit diesem Gedanken schliefen beide Kinder schnell ein.

Am nächsten Morgen wachte Emma früh auf. Sie rannte zur Tür, um ihren Stiefel zu holen. Doch als sie nach draußen sah, blieb sie wie angewurzelt stehen. Die Stiefel waren weg – einfach verschwunden! Emma konnte es nicht glauben.

„Max! Max! Wach auf! Unsere Stiefel sind weg!" rief sie.

Max sprang aus dem Bett und rannte zu Emma. „Was? Das kann nicht sein!"

Die beiden standen fassungslos da und starrten auf die leere Stelle, wo die Stiefel am Abend zuvor gestanden hatten.

„Jemand hat unsere Stiefel gestohlen!" sagte Max erschrocken.

„Oder... es ist ein Geheimnis, das wir lösen müssen", erwiderte Emma und funkelte entschlossen. „Wir werden herausfinden, was passiert ist."

Max nickte eifrig. „Ja! Wir werden Detektive!"

Und so begannen Emma und Max ihre Ermittlungen. Sie fingen bei den Nachbarn an. Sie klopften bei Frau Müller, der älteren Dame, die immer freundlich war und oft Geschichten über den Nikolaus erzählte.

„Guten Morgen, Kinder", sagte Frau Müller lächelnd. „Was führt euch so früh zu mir?"

„Unsere Nikolausstiefel sind verschwunden! Haben Sie etwas Verdächtiges gesehen?" fragte Emma.

Frau Müller schüttelte den Kopf. „Oh nein, das ist ja seltsam. Aber ich habe gestern Abend eine Gestalt gesehen, die durch die Straßen schlich. Vielleicht war es der Nikolaus?"

„Oder jemand, der sich als Nikolaus verkleidet hat", murmelte Emma und zog Max weiter zur nächsten Tür.

Sie klopften bei Herrn Weber, dem Bäcker. „Guten Morgen, Herr Weber! Haben Sie heute Morgen irgendetwas Ungewöhnliches bemerkt?" fragte Max.

Herr Weber kratzte sich am Kopf. „Nun, jetzt wo du es sagst, habe ich etwas Seltsames gesehen. Ein großer Sack hing über dem Rücken eines Mannes, der schnell durch die Straßen huschte. Es sah fast so aus, als wären Stiefel darin gewesen!"

„Ein Sack voller Stiefel? Das muss der Dieb sein!" rief Max.

Emma nickte. „Wir müssen ihn finden."

Die Kinder durchstreiften das Viertel und befragten noch weitere Nachbarn, bis sie schließlich vor dem alten, verlassenen Haus am Ende der Straße standen. „Was, wenn er sich hier versteckt?" flüsterte Max.

Emma schlich näher an das Haus heran. Durch das zerbrochene Fenster konnte sie einen schwachen Lichtschein sehen. „Da drin ist jemand!"

Leise schlichen sie sich zur Tür und drückten sie vorsichtig auf. Das Haus war dunkel und still, bis auf das Flackern einer Kerze in der Ecke des Raums. Und dort, in einem großen Sack, entdeckten sie... die Nikolausstiefel!

„Da sind sie!" rief Max leise.

Plötzlich trat eine Gestalt aus dem Schatten. Es war... der Nikolaus?

„Habt keine Angst", sagte er mit einer tiefen Stimme. „Ich habe die Stiefel nur hierhergebracht, um sie zu füllen. Ich wusste nicht, dass jemand sie schon vermisst."

Emma und Max sahen sich erstaunt an. „Der echte Nikolaus?“ fragte Max.

Der Mann lächelte und legte Schokolade, Nüsse und Mandarinen in die Stiefel. „Macht euch keine Sorgen, Kinder. Ihr werdet eure Stiefel wieder vor der Tür finden – voll mit leckeren Überraschungen.“

Mit einem Augenzwinkern verschwand der Nikolaus wieder im Schatten, und Emma und Max standen da, unsicher, ob sie wirklich gerade den echten Nikolaus getroffen hatten.

„Ich glaube, wir haben das Geheimnis gelöst“, sagte Emma schließlich und grinste.

The Secret of the Saint Nicholas Boot

It was the evening of December 5th, and Emma and her little brother Max had just placed their boots outside the front door. They were full of excitement for the next morning, as in Germany, Saint Nicholas brings small gifts and sweets for children who leave their boots out overnight. Max had especially polished his boot carefully to ensure it would be filled with treats.

"Do you think Saint Nicholas will bring us chocolate and nuts again?" Max asked as he lay in bed next to Emma, excitement in his voice.

"Definitely," Emma replied, pulling the blanket over herself. "But we need to sleep now, or he won't come."

With that thought, both children quickly fell asleep.

The next morning, Emma woke up early. She ran to the door to fetch her boot. But when she looked outside, she froze. The boots were gone—vanished! Emma couldn't believe it.

"Max! Max! Wake up! Our boots are gone!" she shouted.

Max jumped out of bed and ran to Emma. "What? That can't be!"

The two stood there in disbelief, staring at the empty spot where their boots had been the night before.

"Someone stole our boots!" Max said, shocked.

"Or... it's a mystery we need to solve," Emma replied, her eyes gleaming with determination. "We're going to find out what happened."

Max nodded eagerly. "Yes! We'll be detectives!"

And so, Emma and Max began their investigation. They started with the neighbors. They knocked on the door of Mrs. Müller, the elderly lady who was always kind and often told stories about Saint Nicholas.

"Good morning, children," Mrs. Müller said with a smile. "What brings you to me so early?"

"Our Saint Nicholas boots have disappeared! Did you see anything suspicious?" Emma asked.

Mrs. Müller shook her head. "Oh no, that's strange. But I did see a figure sneaking through the streets last night. Maybe it was Saint Nicholas?"

"Or someone dressed as Saint Nicholas," Emma murmured, pulling Max along to the next house.

They knocked on Mr. Weber's door, the baker. "Good morning, Mr. Weber! Did you notice anything strange this morning?" Max asked.

Mr. Weber scratched his head. "Well, now that you mention it, I did see something odd. A big sack slung over a man's back, hurrying through the streets. It almost looked like there were boots in it!"

"A sack full of boots? That must be the thief!" Max exclaimed.

Emma nodded. "We have to find him."

The children roamed the neighborhood, questioning more neighbors, until they finally reached the old, abandoned house at the end of the street. "What if he's hiding here?" Max whispered.

Emma crept closer to the house. Through the broken window, she could see a faint light. "Someone's inside!"

Quietly, they tiptoed to the door and gently pushed it open. The house was dark and silent, except for the flickering of a candle in the corner of the room. And there, in a large sack, they saw... the Saint Nicholas boots!

"There they are!" Max whispered excitedly.

Suddenly, a figure stepped out of the shadows. It was... Saint Nicholas?

"Don't be afraid," he said in a deep voice. "I only brought the boots here to fill them. I didn't realize anyone would miss them already."

Emma and Max stared in astonishment. "The real Saint Nicholas?" Max asked.

The man smiled as he placed chocolate, nuts, and tangerines into the boots. "Don't worry, children. You will find your boots back in front of the door—filled with delicious surprises."

With a wink, Saint Nicholas disappeared into the shadows, leaving Emma and Max standing there, unsure if they had just met the real Saint Nicholas.

"I think we've solved the mystery," Emma finally said, grinning.

Oma Hildes Weihnachtspunsch

———

Es war der Heiligabend, und die ganze Familie versammelte sich bei Oma Hilde. Die Kinder, Tim und Lina, waren besonders aufgeregt, denn Oma Hilde war berühmt für ihren Weihnachts-Punsch, der jedes Jahr alle begeisterte. Jedes Jahr nahm sie ihr geheimes Rezept hervor, das nur sie kannte. Doch in diesem Jahr hatten Tim und Lina einen Plan.

„Was wäre, wenn wir Oma Hilde helfen, ihren Punsch zu machen?", flüsterte Tim. „Wir könnten die Zutaten geheim halten und die ganze Familie überraschen!"

„Das klingt super!", antwortete Lina. „Lass uns die Zutaten holen!"

Während Oma Hilde im Wohnzimmer mit den Erwachsenen plauderte, schlichen sich die beiden in die Küche. Sie schauten sich die Zutaten an, die Oma Hilde für ihren berühmten Punsch vorbereitet hatte: Apfelsaft, Zimt, Nelken und natürlich den geheimen Zutat – ein Fläschchen mit „Omas geheimer Zutat" darauf.

„Was ist das eigentlich?", fragte Tim neugierig.

„Das weiß ich nicht, aber wir müssen es ausprobieren!", lachte Lina und schnappte sich die Flasche.

Während die Kinder fröhlich und voller Eifer die Zutaten in den großen Topf kippten, bemerkten sie nicht, dass sie die

Zimtstangen mit Schokoladenstücken verwechselten und das „Omas geheime Zutat" mit einem Fläschchen Olivenöl vertauschten, das Tim vorher gesehen hatte.

„Oh, das riecht gut!", rief Lina, als sie den Punsch umrührten.

Schließlich war der Punsch fertig. Tim und Lina schenkten ihn in die Gläser und trugen ihn ins Wohnzimmer, wo die gesamte Familie fröhlich um den Tisch versammelt war.

„Hier ist Omas Weihnachtspunsch!", rief Tim stolz.

Die Erwachsenen nahmen die Gläser und prosteten. Oma Hilde schaute neugierig auf den Punsch. „Das ist ja seltsam. Es riecht ganz anders als gewohnt."

„Probier mal!", forderte Lina aufgeregt.

Die Erwachsenen tranken den Punsch, und plötzlich verzogen sich ihre Gesichter. „Was ist das für ein Geschmack?", rief Onkel Klaus und schüttelte den Kopf. „Es schmeckt nach... nach Olivenöl und Schokolade!"

Die Kinder mussten sich vor Lachen fast auf den Boden werfen. „Wir haben die Zutaten verwechselt!", kicherte Tim.

Oma Hilde konnte sich ein Lachen nicht verkneifen. „Ich habe schon immer gesagt, das Kochen ist ein Abenteuer!"

Die Familie brach in Gelächter aus, und der Raum füllte sich mit fröhlicher Stimmung. Anstatt verärgert zu sein, nahm Oma Hilde eine Schüssel und begann, ihre eigene Mischung zu machen. „Lasst uns den Punsch retten!"

In kürzester Zeit hatten sie eine neue, leckere Version von Omas Weihnachts-Punsch kreiert, und die Kinder durften helfen. Als sie endlich die Gläser servierten, schmeckte der Punsch wunderbar, und alle waren glücklich.

„Das war das beste Weihnachtsfest aller Zeiten!", rief Lina, als sie alle zusammen um den Tisch saßen und lachten.

Und so wurde das Chaos in der Küche zum besten Teil der Weihnachtsfeier, und jeder wusste, dass Oma Hildes Punsch immer voller Überraschungen steckte – egal, wie er gemacht wurde.

Grandma Hilde's Christmas Punch

It was Christmas Eve, and the whole family had gathered at Grandma Hilde's house. The kids, Tim and Lina, were especially excited because Grandma Hilde was famous for her Christmas punch that delighted everyone every year. Every year, she would bring out her secret recipe that only she knew. But this year, Tim and Lina had a plan.

"What if we help Grandma Hilde make her punch?" whispered Tim. "We could keep the ingredients a secret and surprise the whole family!"

"That sounds awesome!" Lina replied. "Let's grab the ingredients!"

While Grandma Hilde chatted with the adults in the living room, the two snuck into the kitchen. They looked at the ingredients that Grandma Hilde had prepared for her famous punch: apple juice, cinnamon, cloves, and of course, the secret ingredient—a little bottle labeled "Grandma's Secret Ingredient."

"What is that, anyway?" Tim asked curiously.

"I don't know, but we have to try it!" Lina laughed, grabbing the bottle.

As the kids happily and eagerly poured the ingredients into the big pot, they didn't notice that they had swapped the cinnamon sticks with chocolate pieces and replaced the "Grandma's Secret Ingredient" with a bottle of olive oil that Tim had seen earlier.

"Oh, it smells good!" Lina exclaimed as they stirred the punch.

Finally, the punch was ready. Tim and Lina poured it into glasses and carried it into the living room, where the whole family was gathered around the table, chatting cheerfully.

"Here's Grandma's Christmas punch!" Tim announced proudly.

The adults took their glasses and toasted. Grandma Hilde looked curiously at the punch. "This smells different than usual."

"Try it!" Lina urged excitedly.

The adults took a sip, and suddenly their faces contorted. "What is this taste?" Uncle Klaus exclaimed, shaking his head. "It tastes like... olive oil and chocolate!"

The kids nearly fell over laughing. "We mixed up the ingredients!" Tim giggled.

Grandma Hilde couldn't help but laugh. "I've always said cooking is an adventure!"

The family erupted in laughter, filling the room with a joyful atmosphere. Instead of being upset, Grandma Hilde took a bowl and started making her own mixture. "Let's rescue the punch!"

In no time, they had created a new, delicious version of Grandma's Christmas punch, and the kids got to help. When they finally served the glasses, the punch tasted wonderful, and everyone was happy.

"That was the best Christmas ever!" Lina shouted as they all sat together at the table, laughing.

And so, the chaos in the kitchen became the best part of the Christmas celebration, and everyone knew that Grandma Hilde's punch was always full of surprises—no matter how it was made.

Der tanzende Nussknacker

Es war Heiligabend, und Clara konnte es kaum erwarten, ihre Geschenke auszupacken. In der Ecke des Wohnzimmers stand ein wunderschöner Nussknacker, der mit goldenen Verzierungen und einem feinen roten Anzug geschmückt war. Clara war fasziniert von seinem anmutigen Aussehen und beschloss, ihn näher zu betrachten.

Als die Mitternachtsglocke schlug, schloss Clara ihre Augen und wünschte sich, dass der Nussknacker lebendig werden würde. Plötzlich hörte sie ein sanftes Knistern, und als sie die Augen öffnete, stand der Nussknacker tatsächlich vor ihr, lächelnd und in voller Pracht!

„Clara, ich bin hier, um dich auf eine magische Reise zu nehmen!", rief der Nussknacker. Clara konnte es kaum fassen. „Wo gehen wir hin?", fragte sie aufgeregt.

„In das Land der Süßigkeiten!", antwortete der Nussknacker. Mit einem Schwung seiner Hand nahm er Clara an der Hand, und sie flogen durch das Zimmer, vorbei an funkelnden Sternen und glitzernden Lichtern.

Als sie im Land der Süßigkeiten ankamen, war Clara überwältigt. Überall waren bunte Bonbons, schokoladige Flüsse und Zuckerwattewolken. In der Ferne tanzten Lebkuchenmänner zu fröhlicher Musik. Clara und der Nussknacker tanzten mit ihnen und fühlten sich wie im Traum.

„Das ist das Land der Freude!“, erklärte der Nussknacker. „Hier leben die Süßigkeiten und die Freude der Kinder.“

Plötzlich hörten sie ein trauriges Wimmern. Sie folgten dem Geräusch und fanden eine kleine Zuckerstange, die weinte. „Was ist los?“, fragte Clara.

„Ich habe meine Süßigkeitenfreunde verloren und kann nicht tanzen!“, schniefte die Zuckerstange.

Clara und der Nussknacker beschlossen, der kleinen Zuckerstange zu helfen. Gemeinsam suchten sie im Land der Süßigkeiten nach den vermissten Freunden. Sie überquerten den Schokoladenfluss, kletterten über Zuckerwattehügel und tanzten mit den Lebkuchenmännern.

Schließlich fanden sie die verlorenen Süßigkeiten, die sich im glitzernden Zuckerkristallwald versteckt hatten. „Danke, Clara und Nussknacker!“, riefen die Süßigkeiten voller Freude und umarmten die Zuckerstange. „Jetzt können wir wieder tanzen!“

Clara, der Nussknacker und die Zuckerstange tanzten zusammen, und die Musik erfüllte die Luft. Das ganze Land der Süßigkeiten feierte, und Clara fühlte sich so glücklich wie nie zuvor.

Als der Morgen dämmerte, wusste Clara, dass es Zeit war, nach Hause zurückzukehren. Der Nussknacker lächelte. „Du hast das Land der Süßigkeiten gerettet, Clara. Du wirst immer einen besonderen Platz in unseren Herzen haben.“

Mit einem letzten Tanz und einem fröhlichen Winken nahm der Nussknacker Clara zurück in ihr Zimmer. Als die Sonne aufging, wachte sie in ihrem Bett auf und stellte fest, dass der Nussknacker wieder an seinem Platz stand. Doch in ihrem Herzen wusste sie, dass die magische Nacht wirklich stattgefunden hatte.

Und so blieb der tanzende Nussknacker ein treuer Freund für Clara, und sie träumte von den Abenteuern, die sie im Land der Süßigkeiten erlebt hatte.

The Dancing Nutcracker

I t was Christmas Eve, and Clara could hardly wait to unwrap her presents. In the corner of the living room stood a beautiful Nutcracker, adorned with golden decorations and a fine red suit. Clara was fascinated by his graceful appearance and decided to take a closer look.

As the midnight bell tolled, Clara closed her eyes and wished for the Nutcracker to come to life. Suddenly, she heard a gentle crackling sound, and when she opened her eyes, the Nutcracker was indeed standing before her, smiling and in all his glory!

"Clara, I'm here to take you on a magical journey!" exclaimed the Nutcracker. Clara could hardly believe it. "Where are we going?" she asked excitedly.

"To the Land of Sweets!" replied the Nutcracker. With a wave of his hand, he took Clara's hand, and they flew through the room, past sparkling stars and twinkling lights.

When they arrived in the Land of Sweets, Clara was overwhelmed. Colorful candies, chocolate rivers, and clouds of cotton candy filled the landscape. In the distance, gingerbread men danced to cheerful music. Clara and the Nutcracker danced with them, feeling as if they were in a dream.

"This is the Land of Joy!" explained the Nutcracker. "Here, the sweets and the joy of children live."

Suddenly, they heard a sad whimpering sound. They followed the noise and found a little candy cane crying. "What's wrong?" Clara asked.

"I lost my candy friends and can't dance!" sniffed the candy cane.

Clara and the Nutcracker decided to help the little candy cane. Together, they searched the Land of Sweets for the missing friends. They crossed the chocolate river, climbed over cotton candy hills, and danced with the gingerbread men.

Finally, they found the lost candies hiding in the sparkling Sugar Crystal Forest. "Thank you, Clara and Nutcracker!" the sweets exclaimed joyfully, hugging the candy cane. "Now we can dance again!"

Clara, the Nutcracker, and the candy cane danced together, and the music filled the air. The entire Land of Sweets celebrated, and Clara felt happier than ever before.

As dawn approached, Clara knew it was time to return home. The Nutcracker smiled. "You saved the Land of Sweets, Clara. You will always hold a special place in our hearts."

With one last dance and a cheerful wave, the Nutcracker took Clara back to her room. As the sun rose, she woke up in her bed and found the Nutcracker back in his place. But in her heart, she knew that the magical night had truly happened.

And so, the dancing Nutcracker remained a faithful friend to Clara, and she dreamed of the adventures they had shared in the Land of Sweets.

Die Weihnachtswichtel im Schwarzwald

In einem kleinen, malerischen Häuschen tief im Schwarzwald lebte eine fröhliche Familie, die sich jedes Jahr auf das Weihnachtsfest vorbereitete. Mama, Papa und die beiden Kinder, Lila und Ben, liebten es, den Hof zu dekorieren und Plätzchen zu backen. Doch in diesem Jahr sollten sie eine ganz besondere Überraschung erleben.

Eines Morgens, als der Schnee leise auf die Tannenbäume fiel, bemerkte Lila, dass die Türen des Vorratsraums offen standen. „Mama, hast du die Tür vergessen zu schließen?", rief sie. Doch Mama war sich sicher, dass sie die Tür verriegelt hatte. Neugierig schlich Lila zum Vorratsraum und entdeckte etwas Erstaunliches: winzige Fußabdrücke führten hinein!

„Schau dir das an, Ben! Jemand hat hier geschlichen!", flüsterte Lila aufgeregt. Die beiden Geschwister beschlossen, den geheimnisvollen Spuren zu folgen. Sie schlichen vorsichtig durch den schneebedeckten Wald und hörten ein Kichern, das von einem nahegelegenen Baum kam.

Als sie näher kamen, entdeckten sie eine Gruppe kleiner Wichtel, die fröhlich um den Baum tanzten. Sie hatten grüne Hüte auf und glänzende Augen, die im Licht funkelten. „Das sind die Weihnachtswichtel!", flüsterte Ben. Die Wichtel waren bekannt für ihre Streiche und ihre geheimen Helferfähigkeiten in der Vorweihnachtszeit.

„Was macht ihr hier?", fragte Lila mutig. Die Wichtel hielten inne und schauten sie mit ihren großen Augen an. „Wir helfen dabei, Weihnachten vorzubereiten!", sagte einer von ihnen mit einer piepsigen Stimme. „Aber wir müssen auch Spaß haben!"

Die Wichtel hatten ein großes Durcheinander angerichtet. Überall lagen Zutaten für Plätzchen und Geschenke verstreut. „Wir dachten, es wäre lustig, die Weihnachtsvorbereitungen ein wenig aufzupeppen!", kicherte ein Wichtel, während er ein paar Kekse in die Luft schleuderte.

„Oh nein!", rief Lila. „Ihr müsst helfen, das wieder in Ordnung zu bringen!" Die Wichtel nickten und versprachen, alles rechtzeitig zu erledigen. Sie arbeiteten Hand in Hand mit Lila und Ben, und gemeinsam machten sie eine riesige Plätzchenproduktion. Die Wichtel waren flink und geschickt und zauberten die köstlichsten Leckereien.

Als die Plätzchen fertig waren, hatten die Wichtel eine besondere Überraschung vorbereitet. Sie hatten einen großen Weihnachtsbaum im Wald geschmückt, der im Mondlicht funkelte. „Wir möchten, dass ihr unser Geheimnis kennt und mit uns feiert!", sagten die Wichtel und luden Lila und Ben ein.

Die Familie war begeistert. Am Heiligabend versammelten sich alle um den Baum, sangen Lieder und aßen die frisch gebackenen Plätzchen. Die Weihnachtswichtel tanzten und erzählten Geschichten, und die ganze Nacht war erfüllt von Lachen und Freude.

Schließlich, als die ersten Sonnenstrahlen den Wald erhellten, verabschiedeten sich die Wichtel mit einem fröhlichen „Frohe

Weihnachten!". Lila und Ben winkten ihnen nach, während sie im Schnee verschwanden.

The Christmas Elves of the Black Forest

In a small, picturesque cottage deep in the Black Forest lived a cheerful family that prepared for Christmas every year. Mom, Dad, and the two children, Lila and Ben, loved decorating the yard and baking cookies. However, this year, they were in for a special surprise.

One morning, as the snow fell quietly on the fir trees, Lila noticed that the pantry doors were open. "Mom, did you forget to close the door?" she called out. But Mom was sure she had locked it. Curious, Lila crept over to the pantry and discovered something amazing: tiny footprints led inside!

"Look at this, Ben! Someone has been sneaking around!" whispered Lila excitedly. The siblings decided to follow the mysterious tracks. They quietly sneaked through the snow-covered forest and heard giggling coming from a nearby tree.

As they got closer, they discovered a group of little elves joyfully dancing around the tree. They wore green hats and had sparkling eyes that twinkled in the light. "Those are the Christmas elves!" whispered Ben. The elves were known for their pranks and secret helper skills during the holiday season.

"What are you doing here?" Lila asked boldly. The elves stopped and looked at them with their big eyes. "We're helping prepare for Christmas!" said one of them in a squeaky voice. "But we also want to have fun!"

The elves had created a big mess. Ingredients for cookies and gifts were scattered everywhere. "We thought it would be funny to spice up the Christmas preparations a bit!" giggled one elf as he tossed a few cookies into the air.

"Oh no!" cried Lila. "You have to help clean this up!" The elves nodded and promised to get everything done in time. They worked hand in hand with Lila and Ben, and together they made a huge cookie production. The elves were quick and skilled, creating the most delicious treats.

When the cookies were finished, the elves had a special surprise prepared. They had decorated a large Christmas tree in the forest, sparkling in the moonlight. "We want you to know our secret and celebrate with us!" said the elves, inviting Lila and Ben.

The family was thrilled. On Christmas Eve, everyone gathered around the tree, singing songs and eating the freshly baked cookies. The Christmas elves danced and told stories, and the whole night was filled with laughter and joy.

Finally, as the first rays of sunlight brightened the forest, the elves waved goodbye with a cheerful "Merry Christmas!" Lila and Ben waved back as they disappeared into the snow.

Ein Weihnachtswunder im Harz

Es war der Heiligabend, und der Schnee fiel sanft auf die verschneiten Hänge der Harzberge. Lara, ein neugieriges Mädchen mit strahlenden Augen, hatte sich entschlossen, ein Abenteuer zu erleben. Sie wollte die Geheimnisse der Berge entdecken und vielleicht sogar ein Weihnachtswunder erleben.

„Mama, ich gehe nur kurz nach draußen!", rief Lara, als sie ihre Stiefel schnürte. Ihre Mutter lächelte, wusste aber, dass ihre Tochter immer für eine Überraschung gut war. Lara schlüpfte in ihren warmen Mantel und machte sich auf den Weg in den tiefen, glitzernden Schnee.

Die Nacht war ruhig und der Mond schien hell. Lara wanderte durch die schneebedeckten Bäume und atmete die frische, kalte Luft ein. Plötzlich bemerkte sie ein sanftes Licht, das zwischen den Bäumen schimmerte. Ihre Neugier ließ sie nicht aufhören, und sie folgte dem Licht, bis sie an eine kleine Lichtung gelangte.

Dort stand eine geheimnisvolle Gestalt, eingehüllt in einen langen, glitzernden Mantel. Es war der Weihnachtswanderer, eine legendäre Figur, von der Lara schon gehört hatte. Mit sanften, strahlenden Augen schaute er sie an und lächelte. „Willkommen, junge Abenteurerin! Was führt dich in die magische Nacht der Weihnacht?"

Lara war aufgeregt und konnte kaum sprechen. „Ich... ich wollte ein Wunder erleben!", stammelte sie. Der Weihnachtswanderer nickte weise und fragte: „Was ist dein Herzenswunsch?"

Lara dachte einen Moment nach. Sie wollte nicht nur ein Wunder für sich selbst, sondern für alle, die sie liebte. „Ich wünsche mir, dass meine Familie glücklich ist und dass alle Menschen in Frieden leben können!"

Der Weihnachtswanderer lächelte und hob seine Hände. Ein strahlendes Licht umgab Lara, und sie fühlte sich warm und geborgen. „Dein Wunsch ist edel und rein. Ich werde ihn erfüllen, aber du musst auch an das Gute glauben und es in die Welt tragen."

Mit einem sanften Flüstern des Weihnachtswanderers verschwand das Licht und Lara fand sich wieder auf dem Weg nach Hause. Als sie die Tür öffnete, strömte der Duft von frisch gebackenem Lebkuchen und Tannenzweigen in ihre Nase. Ihre Familie saß um den festlich geschmückten Tisch, und das Licht der Kerzen flackerte in ihren fröhlichen Gesichtern.

In diesem Moment wusste Lara, dass ihr Wunsch nicht nur ein Weihnachtswunder war, sondern dass sie selbst auch einen Teil des Wunders war. Von diesem Tag an würde sie stets das Gute in der Welt suchen und mit ihrer Familie und Freunden teilen.

Es war ein Weihnachtsabend, der für immer in ihrem Herzen bleiben würde, ein wahres Wunder der Liebe und des Glaubens.

A Christmas Miracle in the Harz Mountains

⸻

It was Christmas Eve, and the snow gently fell on the snowy slopes of the Harz Mountains. Lara, a curious girl with sparkling eyes, had decided to embark on an adventure. She wanted to discover the secrets of the mountains and perhaps even experience a Christmas miracle.

"Mama, I'm just going outside for a bit!" Lara called as she laced up her boots. Her mother smiled, knowing that her daughter was always full of surprises. Lara slipped into her warm coat and set off into the deep, glistening snow.

The night was quiet, and the moon shone brightly. Lara wandered through the snow-covered trees, breathing in the fresh, cold air. Suddenly, she noticed a soft light shimmering between the trees. Her curiosity urged her on, and she followed the light until she reached a small clearing.

There stood a mysterious figure, wrapped in a long, sparkling cloak. It was the Christmas Wanderer, a legendary figure Lara had heard about. With gentle, shining eyes, he looked at her and smiled. "Welcome, young adventurer! What brings you to the magical night of Christmas?"

Lara was excited and could hardly speak. "I... I wanted to experience a miracle!" she stammered. The Christmas Wanderer nodded wisely and asked, "What is your heart's desire?"

Lara thought for a moment. She didn't want just a miracle for herself; she wanted one for everyone she loved. "I wish for my family to be happy and for all people to live in peace!"

The Christmas Wanderer smiled and raised his hands. A radiant light surrounded Lara, and she felt warm and safe. "Your wish is noble and pure. I will grant it, but you must also believe in the good and spread it into the world."

With a soft whisper from the Christmas Wanderer, the light faded, and Lara found herself back on the path home. As she opened the door, the scent of freshly baked gingerbread and pine filled her nose. Her family sat around the festively decorated table, and the candlelight flickered in their joyful faces.

In that moment, Lara knew that her wish was not just a Christmas miracle but that she herself was also a part of the miracle. From that day on, she would always seek the good in the world and share it with her family and friends.

It was a Christmas evening that would remain forever in her heart—a true miracle of love and faith.

Die magische Schneekugel

Es war ein kalter Winterabend, als Sophie und Ben in den Dachboden ihrer Großeltern schlüpften. Zwischen alten Kisten und vergilbten Fotoalben entdeckten sie eine geheimnisvolle Schneekugel. Die Kugel war glitzernd und wunderschön, und als sie sie schüttelten, begannen die kleinen Schneeflocken darin zu tanzen.

„Schau mal!", rief Ben aufgeregt. „Es sieht aus wie ein ganzes Dorf!" In der Kugel konnten sie ein kleines, verschneites Dorf im Schwarzwald sehen, umgeben von hohen Tannen und schimmerndem Schnee. Plötzlich geschah etwas Unglaubliches: Die Schneekugel begann zu leuchten, und ein blauer Wirbelwind zog die beiden Kinder hinein.

Als sie ihre Augen öffneten, standen Sophie und Ben mitten in dem magischen Weihnachtsdorf. Die Luft war erfüllt von dem Duft frisch gebackener Lebkuchen und Tannenzweigen. „Wow! Wo sind wir?", fragte Sophie staunend. „Es sieht aus wie ein Traum!"

Doch die Freude wurde schnell von einer geheimnisvollen Dunkelheit überschattet. Ein frecher Eisspirits erschien und begann, den Schnee des Dorfes durcheinander zu wirbeln. „Ich werde Weihnachten ruinieren!", rief der Eisgeist mit einem schadenfrohen Lachen. „Niemand kann mich aufhalten!"

Sophie und Ben sahen sich an und wussten, dass sie handeln mussten. „Wir müssen das Dorf retten!", flüsterte Ben entschlossen. „Aber wie?", fragte Sophie. Plötzlich fiel ihr etwas ein. „Die Bewohner des Dorfes! Sie kennen sich sicher mit der Magie aus!"

Sie rannten zu einem kleinen, beleuchteten Häuschen und klopften an die Tür. Eine freundliche alte Frau öffnete. „Willkommen, Kinder! Wir haben auf euch gewartet!" Sie erklärten der Frau von dem Eisspirits und wie er das Dorf bedrohte. „Wir brauchen einen Plan!", rief die alte Frau.

Die Dorfbewohner versammelten sich, und gemeinsam entdeckten sie, dass der Eisspirits durch Lachen und Freude besiegt werden konnte.

Mit allen Dorfbewohnern zusammen organisierten sie ein großes Weihnachtsfest. Sie sangen Lieder, tanzten und erzählten Geschichten. Der Eisspirits, der das Lachen und die Freude hörte, wurde zunehmend verwirrt. Schließlich konnten Sophie und Ben mit ihrem fröhlichsten Lachen den Geist überwältigen.

„Was ist das?", rief der Eisspirits, als er merkte, dass er nicht mehr die Macht hatte, das Dorf zu verderben. Mit einem letzten, verblüfften Blick schmolz er dahin und verschwand im Schnee.

Das Dorf jubelte, und die Kinder wurden als Helden gefeiert. „Ihr habt uns gerettet!", rief die alte Frau. „Wir sind euch zu ewigem Dank verpflichtet!"

Gerade als sie feierten, begann die Schneekugel wieder zu leuchten. Sophie und Ben wussten, dass es Zeit war, nach Hause zurückzukehren. Mit einem herzlichen Abschied von ihren neuen Freunden wurden sie von einem sanften Wirbelwind wieder in die echte Welt gebracht.

Als sie in ihrem Dachboden standen, hielt Sophie die Schneekugel in ihren Händen. „Das war unglaublich!", rief sie. Ben nickte, und sie beide wussten, dass sie etwas Besonderes erlebt hatten – ein magisches Abenteuer voller Freundschaft und Mut.

The Magical Snow Globe

It was a cold winter evening when Sophie and Ben sneaked into their grandparents' attic. Among old boxes and yellowed photo albums, they discovered a mysterious snow globe. The globe was sparkling and beautiful, and when they shook it, the tiny snowflakes inside began to dance.

"Look!," Ben exclaimed excitedly. "It looks like a whole village!" Inside the globe, they could see a small, snow-covered village in the Black Forest, surrounded by tall fir trees and shimmering snow. Suddenly, something incredible happened: the snow globe began to glow, and a blue whirlwind pulled the two children inside.

When they opened their eyes, Sophie and Ben found themselves in the middle of the magical Christmas village. The air was filled with the scent of freshly baked gingerbread and pine. "Wow! Where are we?," Sophie asked in awe. "It looks like a dream!"

But their joy was quickly overshadowed by a mysterious darkness. A mischievous ice spirit appeared and began to whirl the village's snow around. "I will ruin Christmas!," shouted the ice spirit with a gleeful laugh. "No one can stop me!"

Sophie and Ben exchanged glances, knowing they had to act. "We have to save the village!," whispered Ben determinedly. "But how?," Sophie asked. Suddenly, she remembered something. "The villagers! They must know about the magic!"

They ran to a small, brightly lit house and knocked on the door. A friendly old woman opened it. "Welcome, children! We have been waiting for you!" They explained to her about the ice spirit and how it threatened the village. "We need a plan!," shouted the old woman.

The villagers gathered, and together they discovered that the ice spirit could be defeated with laughter and joy.

With all the villagers together, they organized a grand Christmas celebration. They sang songs, danced, and told stories. The ice spirit, hearing the laughter and joy, became increasingly confused. Finally, Sophie and Ben overwhelmed the spirit with their happiest laughter.

"What is this?," the ice spirit shouted as he realized he no longer had the power to ruin the village. With one last, astonished look, he melted away and vanished into the snow.

The village cheered, and the children were celebrated as heroes. "You saved us!," the old woman exclaimed. "We are forever grateful to you!"

Just as they were celebrating, the snow globe began to glow again. Sophie and Ben knew it was time to return home. With a heartfelt farewell from their new friends, they were gently whisked back to the real world by a soft whirlwind.

As they stood in their attic, Sophie held the snow globe in her hands. "That was amazing!," she shouted. Ben nodded, and they both knew they had experienced something special – a magical adventure filled with friendship and courage.

Fritz und die sprechenden Tiere

Es war Heiligabend, und der kleine Fritz konnte vor Aufregung kaum still sitzen. Die Kerzen am Weihnachtsbaum leuchteten sanft, und der Duft von frisch gebackenem Plätzchen lag in der Luft. Doch Fritz hatte ein Geheimnis: Er hatte gehört, dass die Tiere um Mitternacht sprechen konnten.

„Ich muss das herausfinden!", dachte Fritz entschlossen. Als alle im Haus schliefen, schlich er leise aus seinem Zimmer und machte sich auf den Weg zur Scheune. Der Schnee knirschte unter seinen Füßen, während er in der Dunkelheit schlüpfte.

In der Scheune war es still und dunkel, aber Fritz konnte die Silhouetten der Tiere erkennen. Er schlich sich näher zu den Ställen und lauschte. Plötzlich schlug die alte Glocke der Kirche zwölf Uhr Mitternacht, und das Wunder geschah.

„Hallo, Fritz!", rief die Kuh mit einer warmen Stimme. „Komm näher! Wir haben auf dich gewartet!" Fritz staunte. „Ihr könnt wirklich sprechen!"

„Ja, das können wir!", antwortete das Pferd, das in der Ecke stand. „Wir haben viele Geschichten zu erzählen, besonders heute Nacht. Es ist Heiligabend, und wir möchten dir etwas über den wahren Sinn von Weihnachten erzählen."

Fritz setzte sich auf den Boden, seine Augen leuchteten vor Neugier. „Was bedeutet Weihnachten für euch?"

Die Tiere begannen zu erzählen. Die Hühner berichteten von der Freude, die sie bringen, indem sie frische Eier legen, und der Hund sprach von der Treue und dem Schutz, den er seiner Familie bietet. Die Katze erzählte, wie wichtig es ist, für einander da zu sein und zu helfen, wo man kann.

„Aber die beste Geschichte kommt von der alten Eule", sagte die Kuh und nickte in die Ecke. Die Eule öffnete ihre großen Augen und sprach mit weiser Stimme: „Weihnachten ist eine Zeit des Gebens, des Teilens und des Zusammenseins. Es geht nicht nur um Geschenke, sondern um die Liebe, die wir füreinander empfinden."

Fritz hörte gebannt zu und fühlte, wie sein Herz wärmer wurde. „Ich verstehe! Weihnachten ist nicht nur ein Fest, sondern auch eine Zeit, um mit den Menschen und Tieren um uns herum zu teilen und für sie da zu sein."

Als die Nacht voranschritt, fühlte Fritz sich glücklich. Er hatte gelernt, dass der wahre Geist von Weihnachten nicht in den Geschenken lag, sondern in den Herzen der Menschen und Tiere. Die Tiere schlossen sich ihm an, und gemeinsam sangen sie ein fröhliches Weihnachtslied.

„Es ist Zeit, dass du ins Bett gehst, kleiner Fritz", sagte das Pferd sanft. „Aber vergiss nicht, den Geist von Weihnachten in deinem Herzen zu tragen."

Mit einem letzten Blick auf seine sprechenden Freunde verließ Fritz die Scheune und machte sich auf den Weg ins Haus. In dieser Nacht schlief er mit einem Lächeln im Gesicht ein, denn

er wusste, dass Weihnachten viel mehr bedeutete als er je gedacht
hatte.

Fritz and the Talking Animals

It was Christmas Eve, and young Fritz could hardly sit still with excitement. The candles on the Christmas tree glowed softly, and the scent of freshly baked cookies filled the air. But Fritz had a secret: he had heard that animals could talk at midnight.

"I must find out!" thought Fritz determinedly. When everyone in the house was asleep, he quietly slipped out of his room and made his way to the barn. The snow crunched under his feet as he tiptoed through the darkness.

In the barn, it was quiet and dark, but Fritz could see the silhouettes of the animals. He crept closer to the stalls and listened. Suddenly, the old church bell struck midnight, and the miracle happened.

"Hello, Fritz!" called the cow with a warm voice. "Come closer! We've been waiting for you!" Fritz was astonished. "You can really talk!"

"Yes, we can!" replied the horse standing in the corner. "We have many stories to tell, especially tonight. It's Christmas Eve, and we want to share the true meaning of Christmas with you."

Fritz sat down on the floor, his eyes shining with curiosity. "What does Christmas mean to you?"

The animals began to tell their tales. The hens spoke of the joy they brought by laying fresh eggs, and the dog talked about the loyalty and protection he offered his family. The cat shared how important it is to be there for one another and to help wherever possible.

"But the best story comes from the old owl," said the cow, nodding to the corner. The owl opened her large eyes and spoke in a wise voice: "Christmas is a time for giving, sharing, and togetherness. It's not just about gifts, but about the love we feel for one another."

Fritz listened intently, feeling his heart warm. "I understand! Christmas is not just a holiday, but also a time to share with the people and animals around us and to be there for them."

As the night went on, Fritz felt happy. He had learned that the true spirit of Christmas lay not in the gifts but in the hearts of the people and animals. The animals joined him, and together they sang a joyful Christmas song.

"It's time for you to go to bed, little Fritz," said the horse gently. "But don't forget to carry the spirit of Christmas in your heart."

With one last look at his talking friends, Fritz left the barn and made his way back to the house. That night, he fell asleep with a smile on his face, knowing that Christmas meant much more than he had ever thought.

Weihnachten im Schloss Neuschwanstein

Es war kurz vor Weihnachten, als die Geschwister Mia und Max mit ihren Eltern nach Bayern reisten, um das berühmte Schloss Neuschwanstein zu besuchen. Der Himmel war strahlend blau, und der Schnee bedeckte die Landschaft wie ein glitzernder Teppich. Die Kinder waren aufgeregt, denn sie hatten viel über das Schloss und seinen mysteriösen Erbauer, König Ludwig II., gehört.

Als sie das Schloss erreichten, waren sie von seiner majestätischen Schönheit überwältigt. Die Türme ragten hoch in den Himmel, und die vielen Fenster funkelten im Sonnenlicht. „Es sieht aus wie aus einem Märchen!", rief Mia begeistert.

Nach der Führung durch die prunkvollen Räume des Schlosses, die mit Weihnachtsdekorationen geschmückt waren, waren Mia und Max entschlossen, mehr über die Geheimnisse des Schlosses herauszufinden. „Hast du gehört, dass es geheime Gänge hier gibt?", flüsterte Max.

„Ja! Lass uns nach ihnen suchen!", erwiderte Mia voller Vorfreude.

Die beiden Geschwister schlichen sich aus dem Hauptraum und erkundeten die stillen Flure. Sie hörten das Echo ihrer Schritte, und die kalte Luft war erfüllt von der Vorfreude auf das

Weihnachtsfest. Plötzlich entdeckten sie eine kleine Tür, die halb offen stand, versteckt hinter einem schweren Vorhang.

„Sieh mal!", rief Mia und schob die Tür auf. Dahinter befand sich eine dunkle Treppe, die ins Untergeschoss führte. Zögernd gingen sie die Stufen hinunter, die Wände waren mit alten, geheimnisvollen Zeichnungen bedeckt.

Als sie das Ende der Treppe erreichten, fanden sie sich in einem fantastischen Raum wieder, der mit glitzernden Lichtern und farbenfrohen Weihnachtsdekorationen geschmückt war. In der Mitte des Raumes stand ein wunderschöner, golden leuchtender Weihnachtsbaum.

„Wo sind wir?", flüsterte Max ungläubig.

„Ich weiß es nicht! Aber schau dir all die Geschenke an!", antwortete Mia, deren Augen vor Staunen leuchteten. Plötzlich bemerkten sie eine Gruppe von kleinen Wesen, die um den Baum herumtanzten. Es waren die Weihnachtswichtel des Schlosses!

„Willkommen, liebe Kinder!", rief ein Wichtel mit einer roten Mütze. „Wir bereiten das Weihnachtsfest für König Ludwig II. vor!"

Mia und Max konnten es kaum glauben. „Können wir euch helfen?", fragten sie voller Begeisterung.

„Natürlich!", antwortete der Wichtel. „Hilft uns, die Geschenke zu verpacken und die Lichter zu hängen. Weihnachten ist eine Zeit des Gebens, und wir freuen uns über eure Hilfe!"

Die Kinder verbrachten die nächsten Stunden damit, zusammen mit den Wichteln zu arbeiten. Sie bastelten, verpackten Geschenke und sangen Weihnachtslieder. Die Zeit verging wie im Flug, und bald war alles bereit für das große Fest.

Gerade als sie fertig waren, hörten sie die Stimme von König Ludwig II., der in den Raum trat. „Was für eine wunderbare Überraschung!", sagte er und lächelte die Kinder an. „Ich danke euch für eure Hilfe. Ihr habt Weihnachten im Schloss Neuschwanstein wirklich magisch gemacht."

Als die Geschwister schließlich zurück nach oben gingen, fühlten sie sich glücklich und erfüllt. Sie hatten nicht nur ein geheimnisvolles Abenteuer erlebt, sondern auch das wahre Wesen von Weihnachten erkannt – das Geben und Teilen mit anderen.

In dieser Nacht träumten Mia und Max von Wichteln, funkelnden Lichtern und dem glitzernden Schloss Neuschwanstein, und sie wussten, dass sie dieses Weihnachten niemals vergessen würden.

Christmas at Neuschwanstein Castle

It was just before Christmas when siblings Mia and Max traveled to Bavaria with their parents to visit the famous Neuschwanstein Castle. The sky was a bright blue, and snow covered the landscape like a sparkling carpet. The children were excited because they had heard so much about the castle and its mysterious builder, King Ludwig II.

When they arrived at the castle, they were overwhelmed by its majestic beauty. The towers rose high into the sky, and the many windows sparkled in the sunlight. "It looks like a fairy tale!" Mia exclaimed.

After touring the lavishly decorated rooms of the castle, adorned with Christmas decorations, Mia and Max were determined to learn more about the secrets of the castle. "Did you hear there are secret passageways here?" Max whispered.

"Yes! Let's go look for them!" Mia replied eagerly.

The two siblings sneaked out of the main hall and explored the quiet corridors. They heard the echo of their footsteps, and the cold air was filled with the anticipation of the Christmas holiday. Suddenly, they discovered a small door slightly ajar, hidden behind a heavy curtain.

"Look!" Mia exclaimed, pushing the door open. Behind it was a dark staircase leading down to the basement. Hesitantly, they descended the steps, the walls adorned with old, mysterious drawings.

When they reached the bottom of the staircase, they found themselves in a fantastic room, decorated with sparkling lights and colorful Christmas ornaments. In the center stood a beautiful, golden glowing Christmas tree.

"Where are we?" Max whispered in disbelief.

"I don't know! But look at all the presents!" Mia replied, her eyes sparkling with wonder. Suddenly, they noticed a group of little creatures dancing around the tree. They were the Christmas elves of the castle!

"Welcome, dear children!" shouted an elf wearing a red hat. "We are preparing for Christmas for King Ludwig II!"

Mia and Max could hardly believe it. "Can we help you?" they asked excitedly.

"Of course!" replied the elf. "Help us wrap the gifts and hang the lights. Christmas is a time for giving, and we'd love your help!"

The children spent the next few hours working alongside the elves. They crafted, wrapped gifts, and sang Christmas carols. Time flew by, and soon everything was ready for the grand celebration.

Just as they finished, they heard the voice of King Ludwig II entering the room. "What a wonderful surprise!" he said, smiling at the children. "Thank you for your help. You've truly made Christmas at Neuschwanstein Castle magical."

As the siblings finally made their way back upstairs, they felt happy and fulfilled. Not only had they experienced a mysterious adventure, but they had also recognized the true essence of Christmas—giving and sharing with others.

That night, Mia and Max dreamed of elves, sparkling lights, and the glittering Neuschwanstein Castle, knowing they would never forget this Christmas.

Der verschwundene Adventskranz

Es war der erste Adventssonntag in dem kleinen, malerischen Dorf Tannenwald, und die Aufregung in der Luft war förmlich spürbar. Die Vorbereitungen für den großen Weihnachtsgottesdienst in der alten Kirche waren in vollem Gange. Alle Dorfbewohner waren fleißig dabei, die Kirche festlich zu schmücken, und die Kinder konnten es kaum erwarten, den traditionellen Adventskranz zu sehen.

Mia, ein kluges und neugieriges Mädchen, war besonders aufgeregt. „Ich kann es kaum erwarten, den Adventskranz zu sehen!", rief sie zu ihren Freunden. Doch als sie in die Kirche kamen, stellten sie entsetzt fest, dass der wunderschöne Adventskranz, der jedes Jahr von der Gemeinde liebevoll geschmückt wurde, verschwunden war!

„Wie konnte das passieren?", fragte Mia besorgt. „Der Gottesdienst beginnt in einer Stunde!"

Die Dorfbewohner waren in heller Aufregung. Der Pfarrer, Herr Müller, kratzte sich nachdenklich am Kopf. „Wir müssen den Kranz finden, bevor es zu spät ist!"

Mia sah sich in der Kirche um und bemerkte die vielen Kerzen, die noch nicht angezündet waren. „Wir müssen die Hinweise finden! Vielleicht gibt es einen Grund, warum der Kranz verschwunden ist", sagte sie entschlossen.

Zusammen mit ihren Freunden, Emma und Tom, begann Mia, die Kirche zu durchsuchen. Sie schauten hinter den Bänken, in den alten Schränken und sogar im Glockenturm. Nichts. Schließlich entdeckten sie einen alten Holzschrank in der Ecke des Raumes.

„Schaut mal da drüben!", rief Emma und zeigte auf den Schrank. „Vielleicht ist der Kranz dort!"

Die Kinder öffneten vorsichtig die Tür des Schranks und fanden eine Sammlung alter Weihnachtsdekorationen und eine große, bunte Schachtel. Als sie die Schachtel öffneten, fanden sie anstelle des Adventskranzes eine Nachricht: „Der wahre Adventskranz ist die Freude am Geben und Teilen."

„Das ist eine merkwürdige Nachricht", sagte Tom nachdenklich. „Aber was bedeutet sie?"

Mia überlegte. „Vielleicht ist der Kranz nicht wirklich verloren. Vielleicht müssen wir etwas Gutes tun, um ihn zurückzubekommen!"

Entschlossen, den Geist von Weihnachten zu finden, gingen die Kinder in die Nachbarschaft. Sie halfen den älteren Nachbarn, die Weihnachtsdekoration aufzuhängen, verteilten Kekse an die Kinder und sangen Weihnachtslieder vor den Türen. Immer mehr Dorfbewohner schlossen sich ihnen an, und die Freude und das Lachen breiteten sich im ganzen Dorf aus.

Als sie zurück zur Kirche kamen, hörten sie das Lachen und die Stimmen der Menschen. Plötzlich bemerkten sie, dass der Adventskranz wieder in der Kirche stand, jetzt prächtig geschmückt mit den Geschenken, die die Dorfbewohner während ihres Ausflugs gebracht hatten.

„Wir haben es geschafft!“, rief Mia voller Freude. „Wir haben den wahren Adventskranz gefunden!“

Der Pfarrer lächelte, als er die Kinder sah. „Ihr habt den Geist von Weihnachten wiederbelebt! Der Adventskranz symbolisiert nicht nur die vier Adventswochen, sondern auch die Liebe und Freude, die wir miteinander teilen.“

Mia und ihre Freunde strahlten vor Glück. Sie hatten nicht nur das Rätsel gelöst, sondern auch gelernt, dass der wahre Geist von Advent und Weihnachten im Teilen und Geben liegt. Gemeinsam sangen sie Lieder und feierten den ersten Adventssonntag, der für immer in ihren Herzen bleiben würde.

The Missing Advent Wreath

It was the first Advent Sunday in the small, picturesque village of Tannenwald, and the excitement in the air was palpable. The preparations for the big Christmas service at the old church were in full swing. All the villagers were busy decorating the church festively, and the children could hardly wait to see the traditional Advent wreath.

Mia, a clever and curious girl, was particularly excited. "I can't wait to see the Advent wreath!" she shouted to her friends. But when they arrived at the church, they were horrified to find that the beautiful Advent wreath, which was lovingly decorated by the community each year, was missing!

"How could this happen?" Mia asked worriedly. "The service starts in an hour!"

The villagers were in a flurry of excitement. Pastor Müller scratched his head in thought. "We must find the wreath before it's too late!"

Mia looked around the church and noticed the many candles that had yet to be lit. "We need to find the clues! Maybe there's a reason the wreath is missing," she said determinedly.

Together with her friends, Emma and Tom, Mia began searching the church. They looked behind the pews, in the old cupboards, and even in the bell tower. Nothing. Finally, they discovered an old wooden cupboard in the corner of the room.

"Look over there!" Emma shouted, pointing at the cupboard. "Maybe the wreath is in there!"

The children carefully opened the door of the cupboard and found a collection of old Christmas decorations and a large, colorful box. When they opened the box, they found instead of the Advent wreath a note that read: "The true Advent wreath is the joy of giving and sharing."

"That's a strange message," Tom said thoughtfully. "But what does it mean?"

Mia pondered. "Maybe the wreath isn't really lost. Maybe we need to do something good to get it back!"

Determined to find the spirit of Christmas, the children went around the neighborhood. They helped elderly neighbors hang up Christmas decorations, distributed cookies to the children, and sang Christmas carols at the doors. More and more villagers joined them, and joy and laughter spread throughout the village.

When they returned to the church, they heard the laughter and voices of people. Suddenly, they noticed that the Advent wreath was back in the church, now splendidly decorated with gifts that the villagers had brought during their outing.

"We did it!" Mia exclaimed with joy. "We found the true Advent wreath!"

The pastor smiled as he saw the children. "You have revived the spirit of Christmas! The Advent wreath symbolizes not only the four Advent weeks but also the love and joy we share with each other."

Mia and her friends beamed with happiness. They had not only solved the mystery but also learned that the true spirit of Advent and Christmas lies in sharing and giving. Together, they sang songs and celebrated the first Advent Sunday, which would remain forever in their hearts.

www.ingramcontent.com/pod-product-compliance
Lightning Source LLC
Chambersburg PA
CBHW051348150726

48000CB00003B/1102